FRAGMENTOS DE UN CORAZÓN EN CUARENTENA

ExLibric

LAURA RODRÍGUEZ

FRAGMENTOS DE UN CORAZÓN EN CUARENTENA

EXLIBRIC
ANTEQUERA 2020

LAURA RODRÍGUEZ

FRAGMENTOS DE UN CORAZÓN EN CUARENTENA

*Para todos aquellos que como yo, acabaron
uniendo todos los pedazos de su corazón.*

Índice

Introducción

Lo que tienes entre manos no es una historia normal. No tiene un principio y un final definidos. No tiene personajes concretos ni está ubicada en tiempo y espacio. Tampoco tiene un hilo narrativo. Si eso es lo que buscas, este no es tu libro; mejor busca otro.

Pero si, por el contrario, estás aquí porque te ha llamado la atención, por curiosidad o porque realmente te apetece leerlo, adelante. Te invito a que te adentres en mis latidos, a que a través de cada línea veas con mis ojos todo aquello que me hizo más fuerte, que me hizo ser yo. Pretendo que si tienes que llorar, llores y que puedas evadirte de todo lo que te rodea para sumergirte en mí, en mi dolor, en mi felicidad, en mis agonías. Porque cada fragmento soy yo, eres tú. Quiero que rías conmigo y que entiendas que si yo pude, tú puedes. Créeme, de tú a tú: confío en ti.

Juntos recorreremos cada página y conforme avancemos seremos más fuertes y temeremos menos caer, porque volveremos a levantarnos.

Una vez más te animo a que seas espectador de cómo maduré en diferentes aspectos y cómo fui construyendo barreras para, poco a poco, destruir otras.

Y ahora sí. ¿Te atreves a sumergirte en mis pensamientos?

«Las cosas inesperadas son aquellas que de una
manera u otra acaban cambiándote la vida».

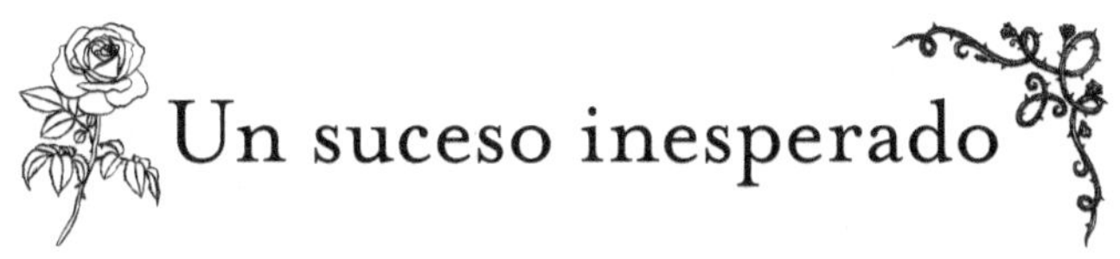# Un suceso inesperado

Viernes 13. No podía haber sido un día peor para empezar una cuarentena, el día de la mala suerte. Ese día yo aún permanecía en clase; de hecho, tenía un examen. La situación de este virus era complicada, pero no tanto como aseguraban que sería en semanas posteriores.

En el aula se notaba el aire tenso; el miedo impregnaba la sala. Al fin el horario escolar acabó y todos nos miramos y abrazamos como si fuese la última vez que nos veríamos juntos. Algunos lloramos de impotencia sin saber cuándo nos volveríamos a ver.

—Es muy triste pensar que no sabemos cuándo volveremos a vernos —decían los compañeros.

—Feliz cuarentena —decían otros con humor, pero en sus ojos se reflejaba el miedo, la angustia del «¿qué pasará?».

Llegué a casa lo más rápido que pude. Apenas se veían coches en las calles y las pocas personas que había llevaban puestas mascarillas quirúrgicas. El miedo empezó a apoderarse de mí y solo era el primer día. Yo soy alguien sensible y todo me afecta demasiado. La ansiedad empezó a crecer en mi interior, pero sería más fuerte en días posteriores. Aun así, siempre intentaba mantener mi mente distraída y trataba de tomármelo a risa para no incrementar así el pánico que se apoderaba de mí lentamente.

Las lágrimas aparecían en mis ojos al ver las calles de mi barrio, las tristes noticias de lo ocurrido en mi país, con la única esperanza de que los médicos salvaran nuestras vidas. Estaban haciendo un increíble trabajo; todo dependía de ellos y, por supuesto, de nosotros, aportando nuestro pequeño grano de arena con algo tan sencillo como quedarse en casa. Hay una frase que me entristece y a la vez me reconforta: «A nuestros abuelos les pedían ir a la guerra. A nosotros solo nos piden quedarnos en casa».

Los medios de comunicación nos prohibieron salir a la calle, a menos que fuera estrictamente necesario. Los supermercados estaban abarrotados de gente, poniendo en peligro la salud de los dependientes por las ansias de no quedarse sin comida, sin agua, sin suministros necesarios para aquellas dos semanas que nos esperaban en casa. Para unos (en este caso, para mí) es fácil quedarse en casa. Soy muy casera, por lo que yo estaba feliz, ya que podía pasarme el día haciendo aquello que más me gustaba: leer, ver series de Netflix, dormir… Solo que eso no bastaría para tenerme ocupada los catorce días restantes que estaría encerrada en casa…

La sensación de poner la televisión y solo oír malas noticias acerca del coronavirus me frustraba. Odiaba no poder hacer nada y ver como había gente aún en las calles, sin darse cuenta de que ponían tanto su salud como la de otros en peligro. Me daba rabia, impotencia, miedo de saber que tan solo un estornudo bastaría para infectar a una persona; y esa persona, sin saberlo, a otra y a otra… y así sucesivamente por tiempo indefinido.

Por la tarde, para mí era como un día normal. Me pasé toda la tarde viendo Netflix y haciendo algo de ejercicio, pero en lo más profundo de mi mente no paraba de pensar en si acabaría volviéndome loca tras dos semanas de cuarentena…

Y así semanas, meses… y hasta el día de hoy aún permanecemos encerrados en casa, esperando a que el virus se consuma y, aunque no llegue a desaparecer por completo, nos permita realizar nuestras vidas como lo hemos hecho anteriormente.

Si lees esto y eres una de esas personas que sí que estuvieron encerradas en casa, estoy contigo. España se muestra más unida que nunca y, créeme, lo conseguiremos. Seamos fuertes y no dejemos que nos invadan el miedo, la angustia, la pena. Cuidemos de nuestros mayores y aprovechemos así para pasar ese tiempo en familia que añorábamos. Matemos el tiempo y hagamos que los días se pasen rápido. Hagamos que cada día sea mejor que el anterior.

Ya a la noche, en torno a las 22:00, empiezan a sonar aplausos en las calles, el himno de España y algún que otro intentando levantar el ánimo con algún chiste.

Confundida, me asomo al balcón y observo, con gran sorpresa, como toda la gente de mi barrio, de mi ciudad y de casi el país entero aplaude a los médicos, policías, sanitarios… por salvarnos, por luchar cada día contra la covid-19. Me uno al aplauso y lloro. No de pena, sino de emoción, de ver al país unido en esta lucha en la que, aportando nuestro granito de arena quedándonos en casa, mejoramos la calidad del servicio a los enfermeros y médicos. Lloro porque me apena tener que vivir esa situación y lloro de impotencia, de rabia, de frustración. Llámalo como quieras. En ese momento todos fuimos uno, unidos con nuestros aplausos y bajo el himno de nuestro país, que hizo que me conmoviera aún más. Fue un momento íntimo, precioso, que se repetiría cada día a la misma hora como agradecimiento de lo que hacían por salvar nuestras vidas.

Las lágrimas corren por mis mejillas mientras escribo esto. Espero que sea pasajero, que sea un susto que nos abra los ojos, que nos haga darnos cuenta de lo que un pequeño error es capaz de hacer. Un día más me voy a dormir con la incertidumbre de qué pasará mañana…

¿Y tú cuánto piensas que duraré cuerda?

«La burla es la diversión de los ignorantes».

Bullying

Porque a veces no es necesario un golpe para hacer daño a alguien. Tan solo una palabra duele. Un silencio duele. La traición y el desprecio duelen. La indiferencia duele. No es necesario el daño físico para herir a alguien, porque no hay nada más doloroso que el daño psicológico.

Este es un tema que me gustaría tratar con detenimiento porque es importante. Porque sé lo que se siente.

A veces aquellas personas que se dedican a hacer de tu infancia un infierno no piensan en lo que le causan a esa persona. Solo piensan en humillarte, en sentirse superiores, valientes. Porque creen que cuando le dicen «fea» y no llora es porque le da igual; que cuando le dicen «anoréxica» y responde «me da igual» es porque no le importa. Pero lo que no saben es que cuando esa persona llega a su casa se pasa horas llorando.

Y llega un día en el que te miras en el espejo y llegas a darte asco y te pones a pensar: «¿Y si tienen razón?». Y te maldices por no ser más valiente, más fuerte, y tu autoestima empieza a decaer. Todo lo ves de color negro, a oscuras, y sabes que esa persona que se ha dedicado a machacarte cada día ha logrado su objetivo, ha cortado tus cables para que no tengas luz.

Cada día en la escuela se hace peor. Ya temes entrar por la puerta y seguir escuchando sus insultos, ver cómo te rompen apuntes, te gritan, te humillan. Y te entran ganas de llorar, pero no piensas darle el placer de hacerlo delante de él o ella. Por eso, cuando finalizan las clases, corres al baño y lloras. Y te miras en ese pequeño y sucio espejo y en tu cabeza solo se oyen sus reproches, sus malos gestos.

—¡Cállate! —le dices a esa voz repetitiva que se dedica a hundirte.

Pero no se calla. Al contrario; se hace más fuerte, más feroz.

Tomas consecuencias y te sientes fuerte. Vas a hablar con el orientador, esa persona que durante meses se convierte en tu mejor amigo, con el que puedes desahogarte como no habías hecho con nadie antes. Os separan de clase, pero eso no hace que te deje en paz. Pero cada día que pasa te vas haciendo inmune a sus comentarios, ya los ignoras. Ni le miras cuando te insulta. Porque no hay peor castigo que la ignorancia, que saber que ya no te duelen sus comentarios.

Y entonces un día decides, tras noches en vela, que no dejarás que tenga ese control sobre ti. Que no se merece una lágrima tuya, que no se merece que en sus logros esté tu nombre. Porque ya no te da miedo. Porque nadie le pidió su opinión. No le pediste un «fea», no le pediste un «estúpida». Tú nunca le has pedido nada.

Llegas a clase, pero esta vez con la cabeza bien alta. Te sientas en tu pupitre y esperas. Esperas a que decida actuar. Pero no lo hace. ¿Sabes por qué no? Porque te ve valiente, fuerte y se acobarda. Porque es lo que son ese tipo de personas. Cobardes. Cobardes que toda la mierda que tienen dentro deciden expulsarla y usarla contra el más débil. Hasta que el que creían débil se hace fuerte, inmune. Y en el fondo le das las gracias por haber hecho que te dieras cuenta de que todo lo que te decía era lo que pensaba de sí mismo. Le das las gracias por así haberte empezado por fin a querer, a valorar, y tu autoestima empieza a crecer y lo hace contigo.

Pasan los años y sigues aún cruzándote con aquella persona que desmoronó tu infancia y aún sientes esa terrible sensación de agachar la cabeza cuando pasas por su lado. Pero hay algo que marca la diferencia. Que tú por fin has aprendido a que si no te cuidas tú mismo, si no tropiezas y te levantas tú solo, nadie lo hará contigo. Porque, al fin y al cabo, eres tú quien determina tu camino. No él, no ella.

Todo eso piensas mientras pasas por su lado y lo dejas atrás. Porque solo será un recuerdo, uno que te marcó tanto positiva como negativamente, pero un recuerdo. Una anécdota que contar a aquellos que hoy en día pasan por lo mismo que tú. Pero no están solos. Yo estaré con ellos.

Y recuerda: quiérete y haz que tu autoestima crezca cada día. Hazte más fuerte, porque si no te quieres tú, ¿quién va a hacerlo por ti?

«Quizás solo se trate de encontrar a quien te
sigue mirando cuando tú cierras los ojos».

Amor

Amor. Una palabra que abarca muchas emociones, tanto negativas como positivas. Es difícil intentar hablar del amor y querer generalizarlo porque eso es imposible. Cada uno ama de maneras diferentes y no por ello algunas son mejores que otras.

Amor es buscar en otra persona lo que eres tú, buscar en ese alguien lo que valoras, lo que refleja para ti querer a alguien.

Porque el amor no es solo una palabra bonita que se dice para contentar al otro. El amor no es solo para las parejas. Hay muchos tipos de amor y cada uno de ellos es perfecto en sí mismo.

El amor parental, el más puro, el más real. El que pese a todo estará ahí cada día y por muchos errores que cometas siempre te querrá. El amor por la amistad, por las mascotas… y el amor en una relación. Ese es en el que me quiero centrar, ya que es el más ambiguo, el que tiene más posibilidades y el que puede acabar rompiéndote el corazón si todo no sale como se espera.

El amor es esa sensación de sentirse vivos, llenos. Esa sensación de querer compartirlo todo con la persona adecuada y con la que existen una serie de vínculos y una gran tensión sexual.

Amar es sentir mariposas en el estómago cuando tienes enfrente a la persona adecuada, amar es que se te traben las palabras al hablar, amar es recibir, amar es dar.

Porque el amor no odia, perdona, no guarda rencor. Porque no olvida, recuerda. Porque no rechaza, acepta. Porque, pese a todo, el amor nunca llega a extinguirse, madura.

No puede observarse bajo un microscopio. Hay quien lo define en términos químicos y quienes hacen poesía de él. Amor es inspiración, a veces hasta sufrimiento. Todos quieren vivirlo. La mayoría lo hemos sentido alguna vez, pero nuestra cuenta pendiente sigue siendo poder explicarlo, poder tener una definición que englobe lo que es el amor. Complicado, ¿no?

Amar es intimidad, es pasión, compromiso.

Imaginemos que el amor son unas manos que rozan nuestro cuerpo con delicadeza, con cada movimiento pensado, con cada caricia ideada para transmitir una palabra, un sentimiento. Es sentir que las yemas de los dedos nos hacen cosquillas en la piel. Unas manos que no solo se mueven, sino que aman, que sienten.

Todo lo contrario sería sentir que unas manos bruscas te recorren la piel. No sientes esa delicadeza, ese sentimiento. Solo se mueven por tu cuerpo y sientes cada callo de las manos, haciéndote sentir sucia, rebajada.

Porque saber amar es un gran acto de valentía. Es saber elegir sin dejarte llevar por los estereotipos marcados por la sociedad, por un físico bonito.

Porque la verdadera belleza no se encuentra por fuera, ya que el físico siempre se deteriora con los años. El interior no. Alguien con un buen corazón, con unas buenas acciones, ese alguien que te haga perder completamente la cabeza. Eso es amor.

Amar no es solo decir «te quiero», es sentirlo; ya que todos sabemos decir esas palabras, pero no todos sabemos demostrarlas. Amar es dejar huella. Es saber elegir, diferenciar a aquellos que de verdad nos van a saber amar de los que vienen predeterminados a presumir, a fardar, sin nunca llegar a experimentar el verdadero sentimiento del amor.

Aunque el amor no solo se manifiesta de manera positiva, ya que del amor al odio solo hay un paso. A veces, como le ocurre a todo el mundo, surgen las discusiones, pero no por ello se ha acabado el amor, porque si de verdad lo hay toda pelea acaba siempre con un buen final, con el perdón. No nos vayamos a creer que todo es perdonable, por supuesto que no, pero hablamos de una pelea por tener una opinión contraria o por cualquier malentendido absurdo. Si hay amor, siempre acaba solucionándose. Siempre.

«Sé fuerte para que nadie te derrote, noble
para que nadie te humille y tú mismo para que
nadie te olvide».

Superación personal
y amor propio

Hay momentos en los que te sientes perdido. Sin ganas de nada. Sin motivos, sin razones. En los que simplemente eres. Esos momentos en los que puede parecer que estás, pero en realidad estás ausente, como esas situaciones de película en las que el protagonista está sentado frente a una ventana con la cara entre sus rodillas, llorando a pleno pulmón. Y te sientes molesto porque realmente no sabes por qué estás así. Todo te da igual, ríes sin sentirlo, lloras por necesidad.

A veces necesitas a alguien que te dé ese empujón para salir adelante, pero hay veces en las que no tienes a ese alguien. Pero te tienes a ti. Y tú debes ser capaz de afrontarlo todo, porque nadie nunca va a estar siempre ahí para ti, por mucho que nos duela creerlo. Hay que empezar a depender solo de nosotros mismos porque somos los únicos que siempre estaremos para nosotros.

Porque en medio del odio me pareció que había dentro de mí un amor invencible. En medio de las lágrimas me pareció que había dentro de mí una sonrisa invencible. En medio del caos me pareció que había dentro de mí una calma invencible. Me di cuenta de que, a pesar de todo, en medio del invierno había en mí un verano invencible. Y eso es lo que me hace feliz, lo que me hace querer ser fuerte. Porque no importa lo duro que el mundo empuje en mi contra. Dentro de mí siempre hay algo mejor empujando de vuelta.

Y de eso se trata, de que por muchas caídas o errores que se produzcan siempre mantengas dentro de ti esa parte positiva, esa parte que quiere exteriorizarse, pero no es capaz de hacerlo.

Desde pequeños vivimos rodeados de una sociedad dominada por lo «perfecto», en la que naces para ser un modelo a seguir, sin tener la oportunidad de poder cometer un solo error. Pero estamos equivocados. A mi parecer, cuantos más errores comete una persona más crece, más aprende y se hace poco a poco más fuerte, capaz de soportar todo aquello que la vida le ponga por delante.

Durante la vida nos vemos frente a situaciones que nos hacen sentir inseguros y por ello la fuerza es una manera de alimentar el vigor que hay dentro de cada uno de nosotros, de recordarse que, con voluntad y constancia, muchos de esos límites acabarán siendo una ilusión. Superar cada uno de estos obstáculos hace que crezca el amor propio.

El amor propio es mil veces más importante que cualquier otro tipo de amor, porque si no eres capaz de quererte y valorarte tú mismo, ¿de qué sirve que otros lo hagan por ti? De nada sirve que te endulcen los oídos con lo que quieres escuchar si realmente no eres capaz de aplicártelo, de saber que eres lo que quieres ser.

Por eso, cada día que te levantes plántate frente al espejo, sonríete y quiérete. Y esto último hazlo mucho. Tengo por seguro que cada día que pase te verás mejor a ti mismo, te verás más fuerte, más capaz. Y ese caparazón que escondía todas aquellas virtudes desaparecerá. Porque es así.

No sabes la superación que aporta mirar ese rincón en el que te pasabas las horas llorando y ver como ya no lo ocupas, como ya no forma parte de ti. Ahora eres fuerte, capaz.

Y ahora tómate un momento para apreciar lo increíble que eres. ¿Lo notas? La satisfacción de quererte, de valorarte, de ver lo grande que eres. Dedícate a sentirte bien contigo mismo, ya que es con quien pasarás el resto de tu vida. Enamórate de tu existencia.

«Si yo tuviera un corazón, escribiría mi odio
sobre el hielo y lo dejaría al sol».
Gabriel García Márquez

Odio

Ahí está, asomando la cabeza, queriendo salir. Lo miras a los ojos y sabes que una vez que le dejes salir dejarás que se apodere de ti y ya no habrá vuelta atrás. Te hace ojitos, pidiéndote permiso. Haces una mueca. ¿Estará bien? ¿Podré controlarlo? Sabes que una vez que se extienda y tome el control dejarás de ser esa persona que eras, permitirás que ese caparazón que te cubre desaparezca y entonces (y solo entonces) el lobo mostrará las orejas para dar lugar a los afilados dientes. Y cuando eso suceda serás odio, rabia, impotencia… y no lo podrás controlar. Porque en lo más profundo de tu ser deseas que sea así, deseas que los que han hecho daño a los tuyos lo paguen, sufran las consecuencias.

Porque puedes intentar poner buena cara y una sonrisa como si no pasara nada una vez, dos, tal vez tres si tienes una gran capacidad de autocontrol. Pero no hay emoción más fuerte, más peligrosa, más estridente e incontrolable que el odio.

Lo sabes porque esas ganas de arrasar con todo a tu paso son superiores a ti, pero sabes que debes mantener la cabeza fría, por mucho que te cueste hacerlo. No por ti, sino por los que ves que sufren por culpa de otros.

Créeme, no hay nada más satisfactorio y pleno que conseguir devolver todo el daño y el dolor que otras personas causaron en tu vida, en tu entorno. Porque la maldad no es algo que nos venga predeterminado; es algo que alimentamos, algo que crece dentro de nosotros hasta que no queda rastro de lo que eras. El odio es algo que siempre estuvo ahí y que solo se exterioriza si tú le das permiso.

A veces creemos que el odio es un método de supervivencia, que lo hacemos por instinto, pero creo que este solo actúa si tú lo decides. Para mí, el odio solo se encuentra donde no hay lugar para la inteligencia; en aquellos que tienen un corazón tan pequeño que no son capaces de albergar ningún tipo de emoción positiva; en aquellos que se mueven por el rencor, por la envidia. Pero tranquilo, estoy segura de que el karma lo devuelve. Lo tengo claro.

Siempre he pensado que el odio es solo una forma de demostrar que al que de verdad odias es a ti mismo, que los que te odian en realidad son admiradores que no entienden por qué tantos te aman.

Y a veces piensas y les deseas lo peor, pero a veces es mejor no vengarse porque sería malgastar tu tiempo con alguien que no merece ni un segundo de tu vida. Porque, como he dicho antes, todo lo que hagas en la vida, tanto lo malo como lo bueno, será devuelto. Porque cuando miras a esa persona, esa persona que tanto daño te ha causado, ya solo sientes una cosa: lástima. Porque mientras miras a sus ojos vacíos, sin una pizca de vida, piensas: «Gracias por decepcionarme, por engañarme, porque así aprendí a no ser como tú».

Porque normalmente son necesarios muchos golpes para darte cuenta de que no merece la pena intentar convencer a aquellos que te odian, que te hacen daño por el mero hecho de que les causa placer. Y les dejas hacerlo aunque por dentro estés roto y vayan arrancando poco a poco los pedazos de tu corazón.

Les dejas porque es imposible; porque, en realidad, los que están rotos son ellos. Porque en el fondo, muy en el fondo, sabes que esas personas que te derrumban te quieren. Y no porque lo diga yo, sino porque el odio es solo una forma de amor que aún no ha encontrado la manera de expresarse correctamente. Y aún te queda esa pizca de esperanza, porque es lo último que se pierde, ¿no? Siempre albergará en ti esa posibilidad de cambio. Por muy pequeña y remota que sea, te aferras a ella.

Pero, por otra parte, sabes que solo es posible alcanzar esa calma, esa paz interior que les deseas, cuando dejas de despreciar, de odiar a los demás y aceptas la realidad tal y como es. Y eso te entristece porque sabes que en sus oscuros corazones esa posibilidad no existe.

«La muerte está tan segura de su victoria que
nos deja toda una vida de ventaja».

La muerte

Fácil, ¿verdad? Seis letras, un gran significado. Un gran tabú para muchos y algo impresionante e inexplicable para otros. Eso que nos atormenta cada día, porque desde que nacemos ya venimos con fecha de caducidad, a algunos les llega antes que a otros. Aun así, me parece increíble cómo nuestras acciones son capaces de dominar en cierto sentido a la muerte, cambiar el rumbo de nuestras vidas, del destino. Porque la vida es eso: caminos, rutas… Algunos con más salidas que otros, más largos incluso; pero, en realidad, no importa quién seas y cuánto poseas. Todos tenemos un mismo final, el morir.

Curioso, ¿no? Incluso el más pobre vagabundo y el mayor poseedor de riquezas acaban en el mismo lugar. Ahora bien, todos sabemos (o eso pretendo creer) la belleza de lo diferente. Y diréis: «¿A qué viene eso?». Bien, lo explico. Hay muchos tipos de personas, todas bellas, con sus diferencias, con sus defectos, con sus virtudes, que es lo bonito de la humanidad. Pero no nos desviemos del tema. Están, por ejemplo, los ateos, quienes no creen en la llegada al cielo con Dios tras la defunción; los cristianos, quienes opinan lo contrario, que creen en la reencarnación, en la vida eterna; y los que simplemente se limitan a vivir sin importar lo que venga después.

No sé si os pasa, pero a mí me corroe la angustia de no saber qué hay tras la vida, lo que pasa después y, sobre todo, cuál es el objetivo por el que estamos hoy aquí, que realmente creo que es lo fundamental: averiguar qué has conseguido hacer en el mundo, que alguien como tú haya conseguido cambiar algo en el mundo, por muy insignificante que sea.

Yo lo veo como un juego en el cual hay un mapa en el que viene predeterminado cómo y cuándo morirás y una ficha que eres tú, que soy yo. Según avanzan los años, esa ficha se va tornando cada vez de un color más oscuro hasta que su color final sea el azabache, el negro, el vacío. Pero tú, y solo tú, puedes hacer que ese camino varíe. Depende de ti que sea más largo, más corto, que tome desvíos o, simplemente, siga una trayectoria directa.

Sigo pensando que uno no muere hasta que es olvidado. Siempre habitaremos en el corazón de alguien hasta que ese alguien decida prescindir de nuestro recuerdo.

Pensaréis que estoy loca por hablar de esto, pero ¿quién no se lo ha planteado al menos una vez? Escribo sobre esto porque, para mi infortunio, es lo que, encerrada en esta cuarentena debida a la covid-19, más se ve en la televisión. Muertes, muertes y más muertes, pero nadie menciona a esas pobres familias a las que no se les ha permitido un adiós. Piénsalo. O mejor no. No queremos dramas.

A lo que quiero llegar es a que ignores el hecho de que algún día llegue tu hora porque así malgastas tu tiempo en ello. Vive, que es para lo que estamos aquí, y deja que lo demás venga solo.

Porque, si muriera, pensaría así: «No he muerto, solo me fui en un tren que pasó cuando debía hacerlo. No me gustaría que me recordaran con lágrimas en los ojos como aquel que no tiene esperanza. No he muerto, solo que mi cuerpo ya no está y mi presencia se hará sentir. Seré el silencio y seré la brisa que bese a los rostros que me recuerden y seré una bonita página de la historia de alguien».

Para mí la muerte es algo a lo que no debemos temer, porque mientras somos la muerte no es y cuando la muerte es nosotros no somos, por lo que nunca seremos conscientes de lo que implica.

También pienso que la muerte puede ser cruel. No solo por lo que es, sino porque, sin quererlo, puede llevar varios corazones en el mismo ataúd: el del que se va y el de aquellos que se hunden con él tras la pérdida.

Por eso insisto, una vez más, en que vivas y seas feliz, porque eso ni la mismísima muerte te lo puede quitar.

«Prefiero callar y sonreír porque si hablo sé
que acabaré llorando».

Dolor

Te sientas en la cama. Lloras. Vuelves a llorar. Miras el reloj: las 3:00 a. m. No consigues dormir y la lluvia cae. Las gotas suenan en tu ventana y tú no haces nada, solo lloras. Piensas en cómo era todo antes de que pasara. Nada es igual. Observas a tu alrededor y no ves nada. Oscuridad, miedo, tristeza. Eso es lo único que ocupa tu corazón.

Las noches son lo único que te hace pensar. Recuerdas tu infancia. Sin preocupaciones, la vida era de color de rosa, pero te das cuenta con el paso del tiempo de que eso no es siempre así. La vida es sufrimiento y ya vendrá lo bueno. Sí, exactamente así me siento yo. Deprimida, hundida, a las 3:00 a. m.

—¡No vales para nada! —Lloras y te lo repites a ti misma incansables veces.

Todo lo que te esfuerzas para nada, en vano. Sientes que la vida te es muy grande, no te sientes apoyado. Solo te sientes alejado, solo. Hoy he decidido plasmar lo que siento, coger mi portátil y mostrarlo. Tengo que aprender a vivir, todo sucede por algo. Tú no lo ves así; cada golpe, en vez de hacerte más fuerte, te hunde más. Pero no, tienes que ser fuerte. Un problema no puede hundirte, tienes que ser fuerte. Somos fuertes porque sí, porque lo digo yo. La vida es larga y llena de oportunidades. A veces pensar eso no ayuda, pero mañana será mejor que hoy.

Siempre habrá alguien que te saque esa sonrisa que tanto ocultas porque solo lloras. Y sigues llorando.

Te sientes lo peor del mundo, a ratos con autoestima alta y a ratos lo más inútil del mundo; pero no, no pienses así. Deja de torturarte, solo lo empeorarás. Levántate, grita, salta, llora, pero de rabia, ama a quien quieres, vive tu vida. Sueña, pero a lo grande. A veces la vida no es justa, pero tienes que demostrarle que eres más fuerte que ella. No dejes que se apodere de ti, ten tú el control. Es tu vida. No todo se consigue a la primera, siempre existieron las segundas oportunidades. Vuelves a recordar a tu yo de hace unos años, sonriente, feliz. Piensa en tu yo de ahora. Eres lo que fuiste hace unos años.

Sal a la calle, respira y grita por todo lo alto todo lo que vales. Porque eres único, no hay dos como tú.

Vuelves a mirar a tu alrededor. Ya no hay oscuridad, solo luz. La lluvia ha cesado. No se oye nada, solo tu respiración en tu habitación. Sonríes, lo has conseguido. Después de la tormenta siempre viene la calma. Te tumbas en tu cama, cierras los ojos y vuelves a sonreír, aquella sonrisa que muestra tu orgullo. Sabes lo que vales, nada va a hundirte. Aplícatelo, vales oro. Todo a las 3:00 a. m. Sueñas que estás en una colina. Solo se respira paz, tranquilidad. Sabes que lo has conseguido, has logrado tu paz interior. Eres feliz contigo. Eso es lo primero.

Todo esto solo viene por una cosa: no eres feliz, no sabes lo que tienes. Piensas en qué harás al día siguiente. Al levantarte, piensas en todo lo que has logrado esta noche. Solo piensas en una cosa: abrazar y amar a los que te aman. Mañana cuando me levante les diré todo lo que quiero a mis padres. Sí, mis padres. Los que me han soportado cuando nadie lo hacía. En mis rabietas, en mi estrés, en mis buenos momentos y en los peores, porque sí. Son tus padres, te conocen mejor que nadie, mejor que tú. Jamás te han reprochado nada y si lo hicieron fue para que no cometieras el mismo error. Quiéreles. Quiérete. No habrá nadie como ellos. Ni como tú.

Sabes de lo que eres capaz. Todo en una noche, en aquella noche.

Solo vives lo que te atreves a vivir, porque eso es así. El miedo te impide hacer lo que quieres: la presión de la sociedad, el miedo a que te rechacen, a no ser aceptado. ¿Sabes qué? Que te dé igual. Sé tú. Vales oro. ¿Sabes otra cosa? Hay gente tan optimista y que espera que todo salga bien que hasta olvida la importancia de la palabra esfuerzo. Pero tú no eres así. Tú luchas por lo que quieres, como debe ser. No te rindas, esa debe ser tu última solución. Lucha por lo que quieres y solo así lo lograrás, porque es muy fácil quejarse y pedir las cosas sin dar nada a cambio; pero, créeme, la vida te lo devolverá, porque estoy segura de que el karma existe. Porque nuestra vida es el resultado de lo que yo quiero hacer, no de lo que los demás quieren que haga.

Ahora me gustaría plasmar aquí uno de mis textos favoritos y pensar sobre él.

Dijo una marioneta de trapo: «Si por un instante Dios se olvidara de que soy una marioneta de trapo y me regalara un trozo de vida, posiblemente no diría todo lo que pienso, pero, en definitiva, pensaría todo lo que digo. Daría valor a las cosas no por lo que valen, sino por lo que significan. Dormiría poco y soñaría más. Entiendo que por cada minuto que cerramos los ojos perdemos sesenta segundos de luz.

Andaría cuando los demás se detienen, despertaría cuando los demás duermen, escucharía mientras los demás hablan y ¡cómo disfrutaría de un buen helado de chocolate…! Si Dios me obsequiara un trozo de vida, vestiría sencillo, me tiraría de bruces al sol, dejando al descubierto no solamente mi cuerpo, sino mi alma.

Dios mío, si yo tuviera un corazón… escribiría mi odio sobre el hielo y esperaría a que saliera el sol. Pintaría con un sueño de Van Gogh sobre las estrellas un poema de Benedetti, sería la serenata que le ofrecería a la luna. Regaría con mis lágrimas las rosas para sentir el dolor de sus espinas y el encarnado beso de sus pétalos…

Si yo tuviera un trozo de vida… no dejaría pasar un solo día sin decirle a la gente que quiero que la quiero. Convencería a cada mujer de que ella es mi favorita y viviría enamorado del amor. A los hombres les probaría cuán equivocados están al pensar que dejan de enamorarse cuando envejecen, sin saber que envejecen cuando dejan de enamorarse. A un niño le daría alas, pero dejaría que él solo aprendiese a volar. A los viejos, a mis viejos, les enseñaría que la muerte no llega con la vejez, sino con el olvido.

Tantas cosas he aprendido de ustedes, los hombres… He aprendido que todo el mundo quiere vivir en la cima de la montaña sin saber que la verdadera felicidad está en la forma de subir la escarpada. He aprendido que cuando un recién nacido aprieta con su pequeño puño por vez primera el dedo de su padre lo tiene atrapado para siempre. He aprendido que un hombre únicamente tiene derecho a mirar a otro hombre hacia abajo cuando ha de ayudarlo a levantarse.

Son tantas cosas las que he podido aprender de ustedes… Pero, finalmente, de mucho no habrán de servir porque cuando me guarden dentro de esta maleta, infelizmente, me estaré muriendo…».

Y todo esto a las 3:00 a. m.

«La libertad es el oxígeno del alma».
Moshe Dayan

Libertad

A todos nos ha pasado eso de querer algo cuando menos podemos tenerlo, esas ganas de poder hacer algo y darte cuenta de que es lo más ingenuo que podrías hacer. Algo así me pasa a mí.

Los seres humanos a veces somos algo irracionales, algo contradictorios. Cuando tienes algo, no eres capaz de apreciar su valor hasta que lo pierdes. Ese valor del que vengo a hablar es la libertad. Libertad de salir a pasear, de darte un baño en las calmadas aguas del mar, oler el océano, el viento besando tu rostro. Poder dar interminables caminatas por la arena, que acaricia tus pies, encontrando alguna que otra vez algún cristal o un cigarrillo, pero no importa. Incluso añoras quejarte de pisar la porquería que otros arrojan.

Nadie jamás pensaría que pasaríamos de estar cada día deseando volver a casa después de un largo día de trabajo a querer volver a salir. Porque, sí, esta pandemia nos ha arrebatado la libertad.

Algunos tenemos la suerte de tener un pedacito de balcón al que poder salir a respirar, a que nos dé el sol o simplemente a sentir que obsequiamos aquello que en realidad solo imaginamos.

Cada día que pasa me arrepiento de no haber disfrutado ese tiempo que pasaba paseando, con mis amigos…, porque lo único que me mantiene cuerda es poder pasear cinco minutos al perro. Hay gente a la que la locura le corroe y decide alquilar y pasear mascotas de otros vecinos por el mero hecho de salir a la calle. Porque el ser humano no está hecho para permanecer encerrado, por mucho que nos guste estar en casa, sentados en el sofá viendo alguna serie en Netflix.

Tengo la sensación de que cuando todo esto pase nos habremos convertido en animales, animales con ansias de libertad, y eso solo puede provocar volver a dar un paso atrás.

Y ahora hablemos de todo lo que implica la libertad, independientemente de todo lo que está sucediendo en el mundo en estos momentos. Cierra los ojos e imagínate tumbado sobre una colina un día de primavera. Un día en el que se respira el olor a la hierba, ese olor a hierba recién cortada, el cantar de los pájaros, una cálida brisa meciendo tu pelo. ¿Cómo te sientes? En paz, ¿verdad? Eso es la libertad, esa sensación de poder gritar a los cuatro vientos sin estar entre cuatro paredes. Ahora abre los ojos. La realidad te golpea de nuevo. Nada de colinas ni de brisas: tú en una habitación, en la que llevarás ya unos cuantos días y en la que no ves otra cosa que no sean las motas de polvo tras los reflejos del sol. Y tú te sientes esa mota de polvo postrada en aquel mueble que nadie nunca se acuerda de limpiar. Te sientes aislado, solo, reprimido.

Todos en algún momento nos hemos sentido como un pájaro al que le cortan las alas, que sabe que nunca más podrá volar. Por eso, y solo por eso, debemos aprender a disfrutar cada momento como si fuera único, porque nunca te ríes de la misma manera dos veces, nunca miras a alguien con el mismo deseo, nunca haces lo mismo dos veces. Y nunca sabes cuándo será la última vez que veas a alguien. Nunca te quedes sin decir nada, arriésgate. La vida es eso: decisiones, correctas o incorrectas, que hacen que crezcas como persona. Rendirse nunca ha sido una opción para mí. ¿Y para ti?

Imagina que ahora mismo caminamos por un bosque en el que nos ciegan los pinos de los alrededores, en el que solo un pequeño reflejo del sol penetra entre sus hojas. Pero al final del bosque se ve la luz, el camino. El camino hacia la libertad. Solo tenemos que caminar con decisión y siempre hacia el frente, no tomar desvíos aunque parezcan más sencillos. Porque lo correcto nadie dijo nunca que fuera fácil.

Y si alguna vez sientes que te han robado esa libertad que te corresponde por el mero hecho de existir, lucha por ella. Porque yo sé que puedes hacerlo, porque confío en ti. Porque tu libertad es tuya y solo tú decides cómo emplearla. No te hagas prisionero de ti mismo. Por mucho que sientas que no puedes hacerlo, mantén la cabeza bien alta y sal adelante.

Porque la libertad es algo más que un eslogan pegadizo que se trae a cuento para justificar nuestras acciones. No es simplemente hacer lo que queramos hacer y divertirnos, aunque algunos lo piensen así. No puede ser así porque acabaríamos actuando de manera egoísta para perseguir nuestros deseos. La libertad es estar libre de ataduras, es crecer y nutrirnos de aquello que nos haga aportar al mundo nuestro pequeño talento.

Porque el hombre es libre en el momento en el que desea serlo. Ya va siendo tu hora, ¿no?

«La felicidad está dentro de uno,
no al lado de nadie».
Marilyn Monroe

Felicidad

La esperas. Vuelve. Se va. Es un cambio constante en el que no sabes dónde te encuentras. Llevas toda la vida buscándola. Y por fin la sientes, a flor de piel. Eres feliz. Después de tanto tiempo viviendo en una especie de habitación a oscuras, la luz empieza a colarse por las rendijas de las ventanas hasta que toda la oscuridad se desvanece. Cierras los ojos, cegada por la luz, y cuando tus ojos se acostumbran a ella te das cuenta de que ya has logrado lo que querías. La felicidad.

Porque todos buscamos esa emoción que se contagia en una simple risa; esa emoción que en cada uno de nosotros es diferente, ya que cada uno de nosotros posee el secreto de su propia felicidad. Por ello, hay que conocerse bien uno mismo, saber qué se quiere.

Felicidad es sentirse bien, saber que lo que haces, dices y piensas está en completa armonía. A veces pensamos que los momentos especiales son los que nos hacen más felices, pero tenemos que vivir sabiendo que la vida misma es una ocasión especial y, por ello, cada día debes regalarle la mejor de tus sonrisas, lo mejor de ti.

Felicidad es saber que cada día, al levantarte, tendrás a alguien esperándote con una sonrisa, esperando a que des lo mejor de ti. Porque no es más feliz aquel que más tiene. Feliz es aquel que aprecia y valora lo que posee, por poco que sea. Porque no depende de nadie más que de ti el querer ser feliz, ya que la felicidad no llega cuando conseguimos lo que deseamos, sino cuando disfrutamos lo que tenemos.

Porque felicidad es sentarte a comer en familia y que no haya ningún sitio vacío. Es compartir momentos que sabes que nunca olvidarás. Son risas, llantos, enfados…, pero, sobre todo, son recuerdos. Infinidad de ellos. Cada uno de ellos especial como él solo. Felicidad es una dulce melodía, un sonido en el que todas las notas están perfectamente ordenadas.

Cada quien tiene su motivo para sonreír aunque este esté en el rincón más apartado de su ser. Porque, al igual que un ave fénix resurge de sus cenizas, tú emerges de la soledad, de la incomprensión. Todo para sentirte feliz.

Ocasionalmente, aún sientes esa corazonada de pensar si de verdad mereces todo lo que tienes. Y esto lo piensas después de haber pasado por numerosos hoyos que te llevaron cada vez más hondo. Pero cuando uno toca fondo solo queda la opción de ir hacia arriba.

Cada día que pasa, la vida te regala nuevas oportunidades para llenarlo de momentos felices, de buenos recuerdos para el mañana. Así que aprovéchalos, intenta hacer que cada segundo sea memorable, pues de nada sirve pasarse la vida reprochándote a ti mismo todo lo que podrías haber cambiado cuando en su momento tuviste esa oportunidad.

No dejes que nadie corte tus alas y te limite lo alto que puedes llegar a volar. ¡Arriésgate! Y, sobre todo, no temas a la opción de equivocarte, porque el único error real es aquel del que no aprendemos nada.

«Un abuelo es alguien con plata en el cabello
y oro en su corazón».

Distancia

El problema por el que hoy escribo esto se llama distancia. Sí, distancia. Eso que ahora nos obligan a cumplir en establecimientos, calles, transporte público… Pero yo no hablo de ese tipo de distancia física. Yo hablo a nivel emocional.

De estas situaciones de desesperación siempre se saca algo bueno o algo que yo considero bueno: el amor por los tuyos. Esas llamadas de tan solo diez minutos que hacen que se te rompa el alma, el corazón. El miedo a que no les pase nada a tus abuelos. Porque, sí, hoy este texto va por ellos.

Echo de menos sus visitas casi diarias, echo de menos esos consejos de mi abuela de los que yo siempre me reía o le decía que era muy exagerada. Echo de menos abrazarles y sonreír cada vez que los veía entrar por la puerta y echo de menos el hecho de echarles de menos.

Me irrita el hecho de no poder permanecer a su lado cuando más lo necesitan, de no poder llenar esa soledad que tienen que sentir de permanecer aislados de sus hijos, nietos…, de saber que ellos son los más vulnerables al causante de esto, la covid-19.

Tengo miedo de llamarles y saber que mi abuelo está dañado por dentro, saber que tiene problemas a los cuales el virus ataca; pero me tranquiliza saber que tiene a una gran persona a su lado, que (por muy irritante que sea a veces con sus consejos, siempre de internet, o sus vídeos que exponen los peligros del hoy) sé que le apoya, que lo daría todo por él. Esa persona es mi abuela, la que con solo una llamada al día hace que me sienta mejor. La mejor, porque a pesar de mis defectos siempre sabe mirar más allá de ellos. Me quiere. La quiero. Y no sé qué haría sin ella. Por ello siempre prefiero no pensar en eso. Ya saben, la pérdida. Porque creo que los abuelos deberían ser eternos.

Escribo esto con lágrimas en los ojos porque creo que los abuelos, no solo los míos, son una viva imagen del amor, porque da igual lo que hagas: siempre están ahí por ti, ponen la mano en el fuego si es necesario aunque a veces seas tú el que hace mal las cosas.

Hoy la llamé, después de varios días sin saber de ella. La culpa me come por dentro por no hablarle más a menudo, por no preguntarle cómo está o algo tan simple como: «¿Qué vas a hacer hoy?».

Ella sabe sacar a la luz mis miedos y hacer de ellos algo impresionante, algo único. Como ella, como él. Tan solo diez minutos de llamada te hacen darte cuenta de todo lo que la necesitas, de todo lo que la echas de menos. Desearía que todo acabara para poder darle un abrazo, porque tened por seguro que serán los primeros a los que vaya a visitar. Y podré decirles: «Todo ha acabado». Porque acabará. Me da igual cómo y cuándo, pero acabará y ellos estarán ese día conmigo. Podré abrazarles y darles un beso de nuevo sin ese miedo que corría por mis venas semanas atrás. No sé cuándo llegará el momento debido a la situación actual, pero será pronto, lo presiento.

Todas las llamadas telefónicas acaban con un «adiós». Las suyas, con un «te quiero». Un «te quiero» que penetra hasta lo más profundo de mi corazón y me hace querer decirle todo lo que la quiero y todas las veces que no se lo he dicho por vergüenza, así que le correspondo con otro «te quiero» y se me hace imposible cortar su llamada. Pero sé que la tengo ahí para lo que necesite, que solo con marcar su número ella me contestará y podré repetir lo que tanto ansío. Su amor.

Porque todo lo que soy y tengo os lo debo a vosotros.

Porque hoy va por vosotros, abuelos. Os quiero y os veo pronto.

«Las ilusiones no se marchitan porque no son
flores, sino semillas».

Sueños e ilusiones

La lágrima que amenaza con salir de tus ojos finalmente acabó derramándose sobre el papel, ese pequeño trozo de papel en el que minutos atrás escribías tus metas, tus sueños. Pero, a la vez que esa lágrima derramada emborronó todo lo que había escrito, supiste que no podías seguir imaginando cosas inalcanzables, que tenías que empezar a ser realista. En ese momento arrugas el papel y lo arrojas con fuerza a la papelera, donde habitan miles de bolas de lo que creíste que serían verdades y ahora las ves inalcanzables. Dedicas unos segundos a admirar aquella montaña de falsas ilusiones y piensas: «¿Por qué no puedo tener certeza de que lo que plasmo no podrá ser real algún día?». Meditas la respuesta, pero esta no llega.

Vuelves a echar un ojo a la pequeña papelera, en la que hay arrojados miles de sueños. Te enjugas con la manga los restos de tus saladas lágrimas y tuerces el gesto en lo que pretendes que sea una sonrisa.

Te acercas con paso firme y te arrodillas ante lo que eran tus sueños y, tras cerras los ojos, metes la mano y sacas una bola de papel. La abres. Sonríes. Te sientas en tu poco iluminado escritorio y solo miras aquel pequeño trozo, en el que la única lágrima que derramaste sigue aún húmeda.

Tú misma sabes que no es imposible, que cada día estarías más cerca de lograr aquello que más deseabas. Sabes que nunca debes renunciar a algo en lo que no puedes dejar de pensar ni un solo día, porque el futuro es de aquellos que creen en sus sueños. Y tú piensas luchar por ellos. Porque quieres ser en un mañana como te imaginas en el hoy.

Piensas levantarte cada día y leer ese mismo arrugado trozo de papel para que no se te olvide ni un solo momento aquello por lo que luchas. Y se te llenan los ojos de lágrimas al pensar en tu yo futuro, pensar en que quizás hayas logrado aquello que más deseabas, aquello que un día estuvo arrojado al lugar del olvido, donde nunca deben tirarse las ilusiones.

Y siempre albergará en ti la esperanza de algún día echar la vista atrás y, a la vez que miras esas emborronadas palabras que escribiste, esas que pensaste imposibles, ver que hoy son realidad.

Pasan los años y te ves de nuevo sentada en tu escritorio, tomando la esquina de una hoja de papel y escribiendo en ella tus sueños. Sueños que con tu constancia y empeño volverán a hacerse realidad, al igual que lo hicieron esos que un día estuvieron a punto de ser olvidados.

Conservarás cada una de esas hojas y la única diferencia de tu anterior trozo a este es que este último no está arrugado ni con ninguna lágrima derramada sobre él. Porque sabes que, a pesar de que quien algo quiere algo le cuesta, volverás a lograrlo.

Déjame decirte una cosa a ti, lector; a ti, yo del futuro: puedes llegar a cualquier parte siempre que andes lo suficiente. Y nunca nunca le pongas excusas a algo que no eres capaz de terminar. Enfócate en todas aquellas razones por las que debes hacer que eso suceda. Y solo así ese papel jamás volverá a estar arrugado.

«Lo peor de los complejos de inferioridad es
que los tienen las personas equivocadas».
Alain Delon

Complejos

En numerosas ocasiones el miedo al rechazo o a no ser aceptados nos juega una mala pasada. Muy frecuentemente evitas mirarte al espejo, ese que te devuelve la misma triste y desolada imagen que tú le ofreces. Y no solo evitas fijarte en tu reflejo porque veas en ti miles de inseguridades, sino porque no puedes evitar compararte.

Porque a veces sientes que al mirarte en el espejo este está resquebrajado en mil pedazos de diferentes tamaños, haciendo que tu cuerpo se vea distorsionado. Y así es como te sientes. Rota. No en uno ni en dos pedazos, sino en miles de ellos. Pero en el fondo sabes que todos y cada uno de nosotros tenemos complejos y comprenderlos y vivir con ellos es la clave, superarse a uno mismo cada día. Porque incluso esa persona a la que envidias por ser «perfecta» tendrá envidia de otras personas y así sucesivamente hasta llegar a ninguna parte. Porque es así, vivir acomplejada no te lleva a ninguna parte.

Somos más que un cuerpo, más que una cara bonita. Y el valor de cada uno de nosotros no debería medirse por nuestro cuerpo. El verdadero problema no es que seamos diferentes al resto, sino las numerosas etiquetas que vienen detrás de ciertos adjetivos despectivos. Porque, por desgracia, vivimos en un mundo dominado por estas.

Pero, en realidad, si analizamos detenidamente a aquellas personas que alguna vez se han dedicado a tacharte de algo y a hundirte cada vez más, acabamos descubriendo que los que tienen verdaderos problemas de autoestima son ellos y por eso tienen que esconderse en otras personas, juzgando aquellos defectos que ven en ellos mismos.

Si te fijas bien, aquellas personas que van cada día al gimnasio para obtener un físico atractivo nunca acaban sintiéndose orgullosas con su cuerpo. Siempre quieren más. Como decía antes, llegando a ninguna parte, porque querer llegar a tener el cuerpo perfecto es imposible, pues nadie es perfecto y a la vez todos y cada uno de nosotros lo somos. Somos perfectos siendo más altos o más bajos, con más caderas o con menos, más delgadas o con menos pecho… No importa. Eres perfecta, eres perfecto.

Cuento todo esto porque he pasado por ahí. En mi vida hubo gente que se dedicaba a torturarme cada día, haciendo que incluso mi mejor camiseta llegara a parecerme horrible o que mi mejor par de vaqueros de repente pasara a estar al fondo del armario. Pero cada día que pasa vas dándote cuenta de que no importa cuánto te duelan sus palabras y las veces que les supliques que cesen de avergonzarte, porque ese día nunca llega. No al menos de la forma que tú quieres.

Pero siempre está la opción de pasar página y aceptarte. Porque incluso el defecto que creas más horrible de ti te hace ser como eres y, pese a todo, no debes dejar que nadie te cambie nunca. No permitas que apaguen tu sonrisa. Solo tú decides cuándo y cómo cambiar. Por esta misma razón, observa cada peca, lunar, cicatriz, cada imperfección de ti y haz que sea perfecta. Hazla tuya. Haz que sea única.

Cada día debes decirte lo guapa que estás cuando sales de tus ruinas, de tu burbuja, vestida de amor propio y para darte cuenta de cómo y quién eres en realidad. No dejes que nadie en el mundo diga que no puedes ser lo que realmente eres.

«Llueve en el corazón, llueve en el alma».
Mario Benedetti

Desamor

Querida yo:

Sé que en algún momento leerás estas palabras y recordarás por qué decidí escribirme. También comprendo por lo que pasaste y te digo que fue solo una anécdota más que contar a los tuyos.

Todo este tiempo viví en la ignorancia de pensar que quien decía quererme en realidad lo hacía, pero bien sabes que no fue así, que solo eran palabras vacías que tú ansiabas creer. Escuchabas las mismas palabras de su boca cada día, pero él nunca hizo amago de tenerte, ni si quiera de luchar por ti. Desde ese día cerraste tu corazón con llave y decidiste no volver a dejar que nadie entrase en él nunca más. No volverías a permitir que te hicieran daño.

Siempre nos dijeron que el tiempo lo curaba todo, pero ya no les ves sentido a esas palabras, ya que el tiempo solo te hace odiarte cada vez más por malgastar tu tiempo en alguien que no lo hacía en ti.

Recuerdas cuando tus manos paseaban por su cuerpo cargadas de sentimiento, de amor. Cada caricia tuya. En cambio, con el paso del tiempo descubriste que mientras tus yemas acariciaban cada centímetro de su piel las suyas tan solo se movían, brutas, pesadas, sin emitir ningún tipo de emoción. Y te maldices por ello. Porque desde el día en el que todo se acabó perdiste la fe en el amor.

No hay día en el que no pienses qué hiciste mal, cuál fue la causa de que tantos recuerdos permanezcan ahora en lo más profundo de tu cabeza, guardados en un baúl que no piensas volver a abrir.

Recuerdas cada una de sus palabras, en las que no cesaba de decirte que eras su cielo, pero ahora que él ya no está lo único que sabes hacer es llover. Y es una lluvia intensa, que no cesa, que no deja hueco a que aparezca una mínima cantidad de luz. Porque tú ya no eres tú. Porque estás vacía, rota.

A veces no puedes evitar que te venga a la cabeza pensar en si te extraña, en si se arrepiente de lo que hizo. Por otro lado, la parte de ti que se escondió en una coraza tras lo sucedido piensa que si realmente te extrañase no te hubiese dejado ir cuando te tuvo a su lado, ya que no supo valorarte.

Ya no tienes ganas de decir que estás mal a nadie. Lo único que quieres es que alguien, sin tú decirle nada, se acerque a ti y te abrace. Pero ¡ay, qué cosas de la vida! Pobre tú, pobre yo, que fuimos unas ingenuas al pensar eso.

No quiero que recuerdes estas palabras con lágrimas en los ojos, porque sé que lo harás, ya que, al fin y al cabo, he de decir que te conozco lo suficiente como para asegurarlo. Pero no tengas miedo de sentir que perdiste a alguien que nunca se sintió afortunado de tenerte. Nunca pienses en los «¿y si...?» porque ya es demasiado tarde para ello. Dejaste de ser tú cuando perdiste aquello que creías que sería para siempre. Perdiste tu color, tu esencia.

Ya no eres la chica que siempre llevaba dibujada una sonrisa en el rostro. Ahora caminas cabizbaja, sin querer mirar al frente y afrontar todo lo que sabes que te vendrá encima. No quieres sentir. No quieres querer.

Siento que este no será nuestro último encuentro; aún nos queda un largo camino que recorrer. Tú viviendo momentos y yo escribiéndolos para que, el día que los leas, sepas que yo siempre estuve ahí.

«Nunca cambié; solo aprendí a darle a cada
persona la misma importancia que me dan a mí».

Falsa amistad

Un término muy amplio y que los diccionarios engloban como el afecto personal que nace y se fortalece con el trato, con el tiempo.

Pero nadie te habla de que, a pesar de ser un término que tú te imaginas como algo agradable, puede acabar dejándote un sabor muy amargo en la boca. Como bien dicen las definiciones de este término, la amistad es algo que nace, que pasa de no significar nada a serlo todo para ti. Pasa a ser un vínculo, algo más que un amigo, porque quien tiene un amigo de verdad guarda un tesoro y, como todo tesoro, siempre puede acabar siendo robado. En este caso, es lo que me pasó a mí.

Creo y afirmo que un amigo no es alguien cualquiera a quien eliges a la ligera. Es alguien a quien admiras, a quien decides entregarle tus secretos, tus miedos e incluso tu corazón aunque siempre quepa la posibilidad de que te lo roben y destrocen pedazo a pedazo. Una vez que te entregas a la amistad, es muy parecida al amor: te arriesgas a que te cambien, a que te acaben olvidando.

Con el paso de los años aumenta la confianza y esa persona a la que le dabas la mano acabó cogiéndote el brazo entero.

A veces pienso, o más bien afirmo, que lo bueno nunca es para siempre; que más tarde o más temprano te acabarán destrozando, haciéndote creer que la mala del cuento eres tú. Te cambian, te sustituyen. No por algo mejor. Nunca por algo mejor.

Quizás en estos momentos me esté dejando llevar por la rabia, pero creo que el dolor también es un sentimiento que merece ser plasmado.

Conforme creces te das cuenta de que las personas acaban pensando con la entrepierna en lugar de con la cabeza. Se dejan llevar por un físico bonito y echan a perder años de amistad. Ahí es cuando te pones a llorar y te preguntas qué es lo que has hecho mal, qué sucedió para que todo acabara así. Y cuando quieres darte cuenta de que tú no eres la culpable es demasiado tarde.

Todo se esfuma, las incontables horas hablando con el que era tu mejor amigo. Y te sientes sola, sustituida, decepcionada. ¿No es irónico pensar cómo tantos años construyendo las bases de algo que creías sólido se desmoronan en cuestión de segundos?

Y pasan los días y esperas. Esperas por si algo cambia, por si decide volver a ti. Pero no sucede. Y lo asumes. Lo olvidas. No al que una vez fue tu mejor amigo; a ese es imposible olvidarlo. Pero olvidas al que decidió tomar otro camino en el que tú no estabas. Y, aunque te duela admitirlo, sabes que si le pasara algo serías la primera en estar ahí porque no eres como él o como ella.

Llamadme estúpida, pero creo que siendo un arrogante y egoísta no se llega a nada y ser orgulloso no te hace mejor. Así que tú, el que era mi mejor amigo, si algún día llegas a leer esto quiero que sepas que he sufrido cada día y lo he lamentado muchísimo, pero has sido tú el que ha decidido tomar otro rumbo.

Y tú, lector, valora a tus amistades, apórtales algo digno cada minuto que pases con ellas, porque a lo mejor te ha pasado algo similar. O no.

Estoy en un momento de mi vida en el que quiero ser feliz y mantener en ella a quienes me hagan feliz. Cuida a los tuyos como si fuera el último día, porque nunca sabes cuándo decidirán tomar un desvío, cuándo volverán a dejarte solo.

«Porque todos apostaban a que no lo conseguiría
y acabé ganándome algo más que su dinero».

Desconfianza

Hay días en los que no sabes muy bien si haces las cosas bien o mal. Todo depende de por dónde lo mires, de quién lo mire. A veces, el amor puede llegar a ser complicado, incluso llegar a rozar lo peligroso, diría yo. En estos días he aprendido que en ocasiones la distancia da lugar a la desconfianza, que es lo más peligroso del amor. Hay días en los que te levantas y piensas «voy a hacer las cosas bien», pero sin saber **có**mo siempre acaba sucediendo lo contrario. Cuando intentas alegrar a alguien, lo hieres; si quieres transmitir todo lo que quieres a alguien, nadie sabe cómo, acabas haciendo que esa persona imagine cosas totalmente contrarias a las que son en realidad. Y esto esto va por ti. Ya sabes quién eres, no voy a darte un protagonismo que no necesitas. No es que no lo necesites por ser menos, sino porque nadie tiene la necesidad de saber quién eres; no queremos ponerle nombre y cara a la gente, porque puede que, como yo, haya miles, o millones, o ninguna; en cualquier caso, dejemos esto a la imaginación.

Todos hemos discutido alguna vez, porque es algo inevitable, algo que sucede más tarde o más temprano por mucho que intentemos evitarlo. Pero siempre hay que acabar una discusión, nunca dejarla a medias, nunca alargarla más de lo necesario, porque acaba convirtiéndose en un bucle constante e incluso en un sinvivir.

Vamos al grano, hoy quiero hablar sobre la desconfianza y todo lo que esta implica. Todos, absolutamente todos, tenemos a alguien estos días tras el teléfono móvil, alguien a quien tenemos unas inmersas ganas de ver, pero la realidad nos da una patada en el estómago y nos hace darnos cuenta de que lo que nos quedan son las llamadas, los mensajes... Y pasan los días. Os decís lo mucho que os queréis, lo mucho que os echáis de menos y cosas por el estilo, pero ¿no te ha pasado que nunca es suficiente? ¿Que por mucho que te digan no se acaba de llenar ese vacío que inunda tu corazón? Porque a mí sí. Muchas veces.

Y te cansas, porque no sabes por qué es así. Pasan los días y ese vacío de tu corazón se exterioriza a modo de agresividad, de enfado, y lo pagas con esas personas a las que en el fondo añoras hablarle de manera totalmente opuesta a la que en realidad lo haces. Pero no sabes por qué lo haces. Tu cerebro no responde, pero él no lo entiende. No sabe por qué estás así. Nunca lo sabrá, porque no eres capaz de decírselo, porque te fallan las palabras. A veces, decides que la mejor manera de evitar todo ese dolor que le causas es ignorarlo, por mucho que te duela. Pero lo empeoras y llega lo peor. Te da a elegir, y sabes que lo elegirías a él por encima de todas las cosas, pero ahí está la desconfianza, una vez más haciendo de las suyas. Porque sabes que aunque él lo niegue, no pondría la mano en el fuego por ti. Lo sabes por cómo te habla, por cómo te mira cuando lo tienes delante, esos ojos a los que echas de menos tener enfrente, y no sabes cómo, pero lo sabes.

Por mucho que lo digas, siempre estoy demostrándote cuánto te amo. Sabes perfectamente que estoy enamorada de ti, pero nunca es suficiente, nunca lo ha sido. Porque a pesar de saberlo, dudas, no solo de mí, también de ti. Podría afirmarse que confiar en uno mismo es más importante que confiar en los demás. Puede sonar fuerte y contrario a lo que quiero decir, pues la verdad sea dicha, cuando somos niños confiamos muchísimo en la gente que nos rodea, pero la vida nos suele tornar desconfiados, muchas veces con razón, pero otras muchas sin ella.

Creo que a veces nunca podemos confiar y entregarnos a alguien completamente por diferentes motivos, entre ellos, las mentiras. Una consecuencia de... Y cuando uno descubre que el otro le mintió, nada. Ni las más largas discusiones sobre el tema pueden remendar la herida. Los celos son difíciles de modificar. No importa si son reales o no. Cuando aparecen, no hay nada que puedas hacer.

A lo que quiero llegar con todo esto es a que nunca dejes que te invada el miedo. Por mucho que te niegues a creer lo que otra persona te dice, escúchala. Eso sí sé que puedes hacerlo. Y si da la casualidad de que todo lo que te dice es cara a cara, mira a esa persona a los ojos, porque a lo mejor puedes contarle una mentira, pero los ojos nunca mienten. Y si por circunstancias mayores no podéis veros, piensa si de verdad merece la pena desconfiar de la persona con la que has vivido momentos maravillosos. Piensa si de verdad merece la pena estar encerrado en tus pensamientos sin observar que la verdad está ahí fuera, esperándote.

Y a ti, porque eres el motivo por el que hoy escribo esto, y quiero que lo entiendas, que me entiendas y que me perdones, porque no soy perfecta, ni lo pretendo. Pero hay algo que soy, y es cabezona, y eso creo que lo sabes de sobra y no me conformo con un «está bien», con un «no pasa nada». Te conozco más de lo que crees, incluso más de lo que me gustaría algunas veces. Y quiero que sepas que entre todas las personas del mundo te escogería entre ellas miles de veces, millones de veces. Quiero que sepas que esto nos va a hacer más fuerte y que pienso decirte cada día lo importante que eres para mí, lo mucho que te necesito. Pero necesito que confíes en mí como yo lo hago en ti. Que pienso dedicarte cada segundo del día y más, si fueran necesarios, porque te quiero y quiero que me quieras como solo tú sabes hacerlo. Porque en toda relación hay peleas, disputas y celos, pero si de verdad se aman, hasta los más complicados momentos pueden superarse. No lo olvides.

Resurgimiento

Restos de ti. La chispa a medio encender del fuego que se aviva con el tiempo. Y en medio de toda esa masa negra y humeante estoy yo. Mucha gente me ha visto resurgir desde las cenizas, pero nunca nadie me ha visto arder en el infierno. Porque puedes destrozarme, humillarme, pero eso no impedirá que levante la cabeza y siga hacia adelante. Porque son necesarios muchos golpes para comprender el verdadero significado de vivir y, a pesar de que yo aún no he llegado a entenderlo del todo, me voy haciendo una idea. La vida son errores, miles de ellos. Porque el ser humano está hecho para, a veces, tropezar con la misma piedra dos veces, tres… o miles de ellas hasta que realmente aprenda.

Sencillamente, resulta difícil ser tú mismo y no hacer daño a los demás, pero en ocasiones hay que ser un poco egoístas en la vida y pensar en nosotros mismos.

Esto que leéis ahora no son más que todos los fragmentos y pedazos que he ido reuniendo a lo largo de mi vida y que todos ellos juntos me han formado. Lo que habéis leído soy yo.

De los buenos momentos aprendí a hacer que madurasen y se volviesen mejores y más fuertes. A aquellos que dejaron un sabor agrio en la boca decidí intentar no darles importancia, aunque en su momento la tuvieron. Entendí que las cosas malas siempre llevan a algo mejor y que no toda la vida es de color de rosa. Porque no lo es.

A veces hay que mirar al miedo a los ojos y mantenerle la mirada, aceptarlo y no dejar que este se apodere de ti. No permitas que te haga parecer pequeña o vulnerable como lo hizo conmigo. No cometas los mismos errores una y otra vez. Y si tienes que hacerlo, aprende de ellos. No hagas que una mala actuación te persiga toda la vida, no agaches la cabeza, no te arrepientas, pues cada hecho que cometiste en el pasado te forma como eres en el hoy.

¿Quién me diría a mí que siendo tan joven podía llegar a padecer gran cantidad de emociones, cada cual más diferente de la anterior, pero ninguna mejor que otra?

En numerosas ocasiones la clave está en entender que cuanto más pienses que lo haces todo mal o te sientas decaída, hundida, avergonzada… sepas darle un giro a la historia, a tu historia. Hacer de aquello que te atormentaba o lo sigue haciendo algo memorable y que te haga recordar por qué llegaste a hacerlo, algo que te haga pensar: «No me arrepiento».

Porque el verdadero éxito consiste en obtener lo que se desea aprendiendo a ir de fracaso en fracaso sin desesperarse, preparándose. Convirtiendo cada paso en una meta y cada meta en un paso.

Piensa que cada día te da dos nuevas opciones: seguir quejándote de lo que te rodea o hacer algo para cambiarlo. El hoy solo tiene veinticuatro horas y tienes que saber aprovecharlas, porque a lo mejor mañana ya no tienes esa oportunidad. Llora. Ríe. Siente miedo. Comete errores. Porque todo eso en conjunto forma parte de vivir.

Ya ha llegado la hora de que ese reflejo del espejo te devuelva la sonrisa, que le quites el polvo acumulado y sepas apreciar todo lo que en él se refleja, porque un espejo es el reflejo del alma.

Creemos que poseer en nuestros recuerdos numerosas marcas o cicatrices nos hace perder estética, pero estamos muy equivocados. Esas marcas no son más que fruto de nuestra valentía, de nuestra madurez y de todas nuestras batallas. Yo tengo miles de ellas y sé convivir con ellas. He dejado de agachar la cabeza cuando paso cerca de alguien que se dedicó a pisotearme porque dejo de acomplejarme con aquello que otros dicen que no es bonito, porque dejo de intentar creer a otros antes que a mí; y sobre todo he dejado de mirarme al espejo y apartar la mirada de lo que este me devolvía. Porque, sí, ahora soy yo. He renacido.

Agradecimientos

No hay nada que me haga más feliz que tener la oportunidad de escribir mis propios agradecimientos, que tener la oportunidad de haber llegado hasta aquí. Para mí esto es un sueño hecho realidad, ya que de pequeña solía escribir miles de historias en la plataforma conocida como Wattpad. Allí fue donde empezó esta idea. Tras unos días de confinamiento debido a la situación de la covid-19, decidí plasmar todo aquello que me afectaba y todo lo que me afectó en épocas pasadas. Cada página de este libro es un pedacito de mí y estoy muy orgullosa de ahora poder formar parte de vosotros. Eso sí, todo esto no hubiera sido posible sin la ayuda de mis padres y mi hermanito pequeño (Elisa, Antonio y Francisco), quienes me empujaron desde el principio a dar el paso de contactar con alguna editorial.

A mis abuelos por ser la fuente de inspiración de alguno de mis fragmentos y por enseñarme a valorar las pequeñas cosas y quererme como solo ellos saben hacerlo.

A una persona que fue muy especial para mí, quien, además de haber tenido que soportar cada día mis largos mensajes con mis textos pidiendo su más sincera opinión y mis ideas para este libro, ha sido una gran ayuda para plasmar todo aquello que siento y todo lo que descubrí gracias a él.

A un gran amigo que recién conocí este año 2020. Gracias por estar ahí cada día, por aportarme tu granito de arena, por soportarme, aconsejarme y hacerme reír. Simplemente, gracias por haber aparecido en mi vida y hacer que todo sea un poco más fácil.

También he de agradecer a aquellas personas que me ayudaron a superar de mala manera mis obstáculos por haberme machacado en el pasado y haberme hecho aún más fuerte. Porque sin vosotros no sería la chica que soy hoy en día. Vosotros me enseñasteis a quererme, a no mirar por encima del hombro a nadie y a no ser una cobarde.

Todo esto tampoco hubiera sido posible sin la motivación de mis seguidores en la plataforma donde comenzó este viaje, plataforma en la que recibía mensajes gratificantes que me empujaban un poquito más y hacían todo este proceso mucho más feliz.

Por ejemplo:

—@Lau154: «Estoy alucinada con cómo escribes. Ojalá más gente te llegue a leer. Mis felicitaciones por esto, de verdad».

—@escrit0ra_c0mpulsiva: «¡¡¡Me ha encantado!!! Los capítulos que he leído hasta ahora son muy bonitos. Tienes una forma muy atractiva de escribir lo que sientes. Has hecho que eche de menos a mis abuelos… Esas partidas interminables de póker con mi abuelo, esos días de cocinar postres sin parar con mi abuela… Hace como un año y medio que no puedo verles porque viven en otro país… Gracias por recordarme cuánto me quieren y cuánto les quiero y por recordarme enviarles un simple "te quiero"».

—@escrit0ra_c0mpulsiva: «¿Este capítulo lo has escrito tú o yo? ¡Me reconozco en cada idea que has tenido! Me encanta cómo lo has plasmado».

Por último, gracias a ti, lector, por haber realizado este viaje conmigo y por hacer que todo esto sea posible. Espero que te haya servido un poquito para mejorarte y mejorar tu entorno y que te hayas sentido identificado conmigo. Una vez más, gracias por tener este libro en tus manos y haberme dado una oportunidad. No sabes lo gratificante que es llegar a ti y ganar tu apoyo o sacarte una sonrisa.

Espero que nos leamos pronto.

Laura Rodríguez nació en Málaga el 17 de abril de 2001. Desde el minuto en el que los niños suelen empezar a tener uso de razón, sabía que aquellas cubiertas de diferentes colores, estilos y llenas de magia serían su gran perdición. Empezó a escribir cuando tenía catorce años y jamás llegó a pensar que sus palabras estarían hoy recogidas en un libro, su libro.

Fragmentos de un corazón en cuarentena es la primera obra de autora malagueña, que asegura que tampoco será la última. Por eso, se niega a que pensemos que nuestros sueños son imposibles, porque nunca lo son.

@srta.bibliophile